Pedro Eiras

INFERNO

ASSÍRIO & ALVIM

INFERNO

Título: INFERNO
© 2022, Pedro Eiras e Porto Editora, S.A.
Autor: Pedro Eiras

1ª. Edição, 2022

Nota do editor: por fidelidade, a edição brasileira mantém a ortografia da edição portuguesa original

Dados Internacionais de Catalogação na Publicação (CIP)
(Câmara Brasileira do Livro, SP, Brasil)

Eiras, Pedro
Inferno / Pedro Eiras. - São Paulo :
Assírio & Alvim, 2022.
ISBN 978-65-993688-3-7
1. Poesia portuguesa I. Título.

22-100997   CDD-869.1

Índices para catálogo sistemático:
1. Poesia : Literatura portuguesa 869.1
Maria Alice Ferreira - Bibliotecária - CRB-8/7964

Todos os direitos reservados. Nenhuma parte desta publicação poderá ser reproduzida por qualquer meio ou forma sem prévia autorização de Autores e Ideias Editora Ltda. A violação dos direitos autorais é crime estabelecido na Lei nº 9.610/98 e punido pelo artigo 184 do Código Penal.

ASSÍRIO & ALVIM é um selo editorial publicado no Brasil pela Autores e Ideias Editora Ltda sob licença da Porto Editora S.A.

R. Coelho de Carvalho, 81, CEP 05.468-020 Alto da Lapa,
São Paulo, SP
Contato: assirioealvimbrasil@gmail.com
@assiriobr
www.assirio.com.br

Imagem de capa: Gravura de Gustave Doré para o *Inferno* de Dante.

I

Malgrado os mapas, as cartas astrais,
as sondas imponderáveis
vertidas nas veias,

e o satélite oracular
que aconselha
os nossos passos,

cursor na grelha das ruas,
seta da nossa
sombra,

malgrado o sinal,
já descontados os efeitos
da relatividade

num síncrono *gps*,
instantâneo tradutor
de mudos pentecostes,

malgrado já nunca ser noite, se
os candeeiros cegam
numa prótese de sol,

malgrado a voz que nos indica o destino,
e na planilha desenha
o mais perfeito caminho,

legendas, lembranças, semelhanças,
desperdício da luz repartida
na longitude dos dias,

chega sempre um instante, nas nossas vidas,
em que todos
nos perdemos.

E perdidos tropeçamos no eco dos passos
quando a luz declina na dobra das janelas,
se os vidros guilhotinam as fachadas das casas,
já nada presta atenção ao próprio nome,
já tudo vive de nomes emprestados,
já ninguém sabe que nome tem.

Mas não será melhor (como quem perdeu a aura no trânsito, ou comeu o livro e lhe foi doce nos lábios) tentar ver o copo meio-
-cheio — admitir, mesmo nesta escassa prosa, a esperança ambivalente, quem sabe o quê perdido no fundo da floresta?

II

Quando destrinças as vozes
que à porta dos teatros estridentes
te convidam a entrar,
reconheces:

a) a batida obstinada (radiação de fundo, íntima
do teu sangue,
a tua pressa taquicardíaca),

b) o catálogo das falas imponentes
(ou a voz da verdade, dividida
para ninguém se maçar com
os efeitos da rima,
legião hipnótica
nos rodapés dos ecrãs),

c) o sinal horário,

d) a nota oficial (desmentindo
fake news, esgotando
todos
os problemas filosóficos,
os acidentes da linguagem,
a convecção dos signos),

e) vozes mortas
(ossadas amontoadas
nas bermas),

f) *et cætera* (a convicção apocalíptica
de cada hora,
a palavra que resgata
os pecados do mundo),

e perguntas: quem,
neste desperdício de línguas,
me poderia guiar?

Mas tu, voz, não esmoreças ainda
se já te habituaste ao escuro
e vês a película dos nomes
a colar bocas nas coisas.

Àquela frase antiga, *o que os trovões
disseram, não o escrevas,*
desobedece. Mas se perdeste
a esperança, faz de conta: acredita.

Queima a língua, cinge os rins,
dilui cicuta na ambrósia,
mas adia um pouco ainda
a tentação do silêncio.

III

Não poderia ser uma viagem mais curta:
nem um passo demora
ir aonde
já estás.

Em verdade é bem leve
l'invitation au voyage:
sem passaporte nem salto da fronteira,
nem um instantâneo correio de luz
(mas inevitável o assombro
do chão a fugir
sob os pés):

nem tropeço ou grande passo:
nada:

somente ir
aonde

já estás.

Uma velha crença judaica: para chegar o reino do Messias, não é preciso mudar radicalmente de mundo; basta alterar — só um pouco — a posição de cada coisa.

O reino do Messias, sim; mas o mesmo gesto pode abrir as portas da Geena. E não sabemos ao certo como se chama este sombrio recorte do calendário.

Não precisas de trocar uma letra em cada nome,
soprar uma gota no sopé das lâmpadas,

ler o mapa pelo avesso do sangue,
coleccionar diários de hospícios,

gaguejar na entrevista,
vestir fato em plena praia.

Vender a alma está fora de moda,
anda de rastos a cotação no mercado,

a porta do subterrâneo foi tapada,
por alegado risco de colapso.

Mas —

        se disseres que nome tinhas
antes de nascer,

irás então aonde já estás,
e tudo será aquilo que é.

IV

Nem que voltasse Agostinho de Hipona
com seu baralho de pecados (a experiência é mãe
de todo o saber),

ou Tomás de Aquino com seus guarda-costas
angelicais,
a *Suma Teológica* do piso −1, cota I/T611st

(estes escreviam à mão, sem corrector automático,
e um monge, nas *marginalia*, queixava-se
das fundas frieiras, nunca saradas),

nem que voltasse Baruch Spinoza,
com suas proposições, demonstrações,
escólios e corolários
(a este não fariam santo, por mais que pecasse),

nem assim alguém saberia
pôr ordem neste inferno.

Eis a teologia baralhada por dentro:

a todos é dado o crédito mínimo de existir,
conta aberta no mercado da alma;

mas tudo se complica:
alguns nem sabem que estão
no inferno;
e por isso ficam, de certo modo, num simulacro
de paraíso
(primeira anomalia).

Outros, ao invés, que pertencem mais acima
julgam-se caídos em baixo, e, lá está,
encontram-se assim numa espécie
de inferno
(segunda).

Mas há mais.

Alguns acham um despropósito terem sido condenados
ao inferno
e movem processos, pedem recursos, escrevem
para os jornais;
como se costuma dizer, juntam lenha para se queimarem.

Já outros percebem logo: não esperam perdões,
moratórias, prémios de bom comportamento;
mas porque acham que muito pecaram,
parece-lhes suave o castigo,
saltam de bom grado na torrente do calendário
(estas são a terceira e a quarta
anomalias.)

Mas se todos estão assim equivocados,
a que inferno afinal se chama
inferno, se já nada tem
nome, e os mapas todos só dão
para o dia de ontem?

V

Caem co'a calma os suicidas
dos telhados.

Leves, lúcidos,
ponderadas as razões
do severo
declive,
caem, tímidos,
pedindo desculpa
pelo
corredor de vento
nas janelas.

Pacientes, recapitulam
os argumentos
da morte:
as letras miúdas no seguro de vida,
uma palavra traída,
esta dor sem conserto
num corpo descontinuado.

Morte em câmara lenta,
suspensa em fio de teia:
eles pensam
este fastio de respirar,

o currículo do sangue,
a vida em *déjà vu*;
ou, como diz o outro:
«jejuo porque nunca encontrei nada
que gostasse de comer»,
assim ou parecido.

Calcularam
o aprumo do prédio, a velocidade
da queda. São
inteligentes,
lúcidos,
e calcaram com as melhores teses
o verdete da esperança.
Quase lhes desejava mais fé,
idiotia, mudez,
ignorância.

Caem, à vez, como o metrónomo
da chuva a entupir os bueiros.
Outros, nem isso. Por um erro de cálculo,
lapsos da física, a mão que tremia.

Resultado: fracturas, escoriações,
um gatafunho nos pulsos, fechando,
o alarme da vergonha a meio do sono:
«nem à morte soubeste chegar a tempo».

É noite, a vida pesa, só um lençol preto sufoca
os adiados suicídios.
Os corpos resignam-se aos dias
para serem enterrados ainda vivos.

Mas quem tem uma morte própria,
indivisa,
que a guarde
como à própria vida.

VI

E aqui moram os desesperados
que aprenderam a respirar
fora de água.

À primeira vista, são
como qualquer pessoa:
nos cafés, consultando
telemóvel, trocos, linhas da fortuna,
dando a vida de barato
em troca de noites sem susto,
menos passos à volta do poço,
um esquecimento mais dócil.
Por dentro, retalham
jugulares, retinas, o nome próprio
num derrame de sonos.

O que para outros é turismo
no País das Maravilhas
aqui monta a instável morada
do corpo, intervalada
com estâncias de hospital, paredes altas,
janelas altas, copas das árvores
recortadas contra
altas noites,
gradeamentos, comprimidos, rondas entre
quatro muros,
sapatilhas sem atilhos.

Estas mãos não são as minhas,
alguém arrancou os meus dentes,
puseram microfones nos meus ossos,

vivi outras vidas antes da vida,
alguém igual a mim mora na minha casa,
esmagaram comprimidos na minha sopa,

as nuvens escrevem palavras,
a chuva desenha um mapa,
perseguem-me os olhos nos quadros,

atrás do muro passam pessoas
falando de impostos, prémios, férias,
promoções, currículos, telenovelas.

É mais que improvável
mas, se depois desta vida houver
um campo de espera, uma alfândega
das culpas,

que estes ao menos sejam poupados,
e os seus nomes não constem no livro
dos castigos, com o mesmo
vazio para todos no fim,

ou, se o nome constar,
que seja zero o saldo
do deve e do haver,
pois não merece dor na morte quem já carregou

toda a vida o inferno no sangue.

VII

É Domingo, os espelhos mentem,
os olhos passeiam
a comprovar nas vitrinas
o desejo em deflação.

E pensamos: é muito cedo,
ainda agora abriram as portas
e subiram as grades.
Julgamos que novos tempos vêm
depois de cada tempo,
que nos cabe sempre outra fatia da manhã,
bebemos e derramamos sem remorso
a água do poço que vimos sempre cheio
(donde vem a água é questão
que só na apneia da noite
nos assusta).

Mas julgarmos que somos eternos, que podemos
adiar esta mão de fumo —
é a única culpa que nada apaga:
nem um serviço cívico, uma fiança,
nem trabalhos forçados, ou um gesto gentil.

Pois tudo se pode repetir, imitar, e reaver,
menos o tempo de cada dia,

desfeito em sangue; e cada vida
é um estudo de caso
nunca confirmado
pelas sebentas.

Dito de outro modo:
«os deuses, àqueles
que querem perder, primeiro
enlouquecem».

        Ora,
não há maior loucura
do que ignorar
a loucura, este modo
de confundir as horas,
dizer, simultaneamente,
«estou
tão ocupado, não tenho
tempo para nada»,
e
«estou tão aborrecido,
não tenho nada para fazer».

Também já houve
quem escrevesse
que a humanidade não suporta
muita realidade.
Um acidente
na dosagem, e
com o remédio

se faz um veneno.
Por isso os deuses,
a quem
querem perder, dão
um pouco de realidade a mais:
um fulgor da consciência
sobre o tempo, a morte,
o insuportável desperdício das coisas.

VIII

O que vemos é terrível.
Mas é muito pior
o que não vemos,
porque nem sabemos
que o não vemos.

Porque os telescópios, os microscópios
deixam ver
o distante
e o pequeno;
porque inventámos instrumentos
para ver o que sabíamos
que não víamos,
mas nenhum para ver
o que não sabemos
que não vemos.

Porque ninguém conhece a sua cegueira,
senão demasiado tarde, quando
o incêndio apagou,
o vento enterrou as cinzas,
e já ninguém sabe onde isto tudo aconteceu.

Mesmo o que vemos
desgastamos; por lapso,

por incúria, destruímos;
e também porque estragar, ao fim e ao cabo,
nos distrai.
Mas muito mais destruímos
o que não vemos,
porque não o vemos, e
nem sabemos que destruímos.

E não ver não nos torna
inocentes;
porque deveríamos ver o que não vemos,
porém não vemos
o que não vemos.

Aqui está aquele homem que aderiu
a certa causa política; tinha poder,
manifestou-se; escreveu, discursou;

nem foi preciso lembrar a frase
do *Apocalipse*: «a ti, que és tépido,
pela Minha boca te vomitarei»;
ele acreditava no fogo que o seduziu,
e em fogo falou;
                    portanto incendiou-se;
claro que não podia saber
o que não podia saber;
                    e «julgá-lo a partir
dos acontecimentos que se seguiram é
um desonesto anacronismo»; será?

Outros sabiam tanto quanto ele,
no mesmo presente, e recusaram, sabotaram,
preferiram morrer: «não nasci para
odiar», diziam;
                    mas ele discursou,
no início do ano lectivo, *inter pares*,
ad discipulos, certo
da verdade desvelada, do ser finalmente
relembrado, humildemente guardado.

Depois, arrependeu-se?
                    Não se sabe:
os anos correram, e sobre o assunto
pouco disse, ou nada; há
silêncios assim: gritantes.

Deixou uma entrevista para publicação
póstuma, disse que, «para todos os efeitos»,
tinha cometido um erro. Porquê
uma publicação póstuma, porquê
ecoar do túmulo? Sim, disse
essas palavras; chegam?
                    Correm rios
de tinta, dissecam-se segredos nas entrelinhas; chega?

Era tão inteligente, e não via.

Mutatis mutandis, eis outro homem,
não esperava encontrá-lo por aqui, até
há muitas razões para simpatizar com ele:
certo humor desconcertante,
a bagagem psicanalítica e toda a cinefilia,
mais as ganas de fundir *high* e *low
culture*, num momento em que, a bem dizer,
essas diferenças já pouco significam,
e muito graças a ele;
                          aqui está,
não refugiado na floresta,
mas gravado e difundido
na *internet*:
                todo um outro universo,
o mundo mudou, e claro que sabemos mais
do que se sabia outrora; mesmo assim,
«o que acontece primeiro como tragédia
repete-se depois como farsa», disse alguém,
e ele pegou na frase e fez dela título
para um dos seus muitos, muitos, muitos
livros.
       Farsa tristonha:
na hora de se comprometer politicamente
cedeu ao humor; proferiu o conselho intolerável;
fez birra de *enfant terrible*,

disse que votaria num monstro.
                              Risos.
Aqueles que os deuses querem
perder...
            E poderemos invocar, outra vez,
ignorância? Ele conhecia o seu presente
e, dolorosamente, o passado.

Mas cedeu à piada, ao jogo
do desconcerto; a melhor arma
fez-se veneno, tentação
na roleta vertiginosa, volúpia
da cegueira.

Mas se eles não viam
que não viam,
e agora tacteiam
nas sombras,

o que me cerca,
agora,
e eu, cego,
não vejo?

IX

Já nada é como soía
ainda nem há cinco minutos,
antes de todas as coisas desvalorizarem
subitamente.

Talvez seja do sol atrás das nuvens,
da raspadinha por
estrear, da concentração de açúcar
no sangue

ou desta máscara
irreconhecível,
saber que não há balas perdidas,
e algures a morte espera,

mas em que dia, que hora,
em que esquina desavinda;
com que cálculo de remorso
numa veia congestionada?

E já não perguntamos onde estão
as neves de antigamente, a memória
de Julho, nem
os amores enterrados,

mas que notícia verdadeira da manhã
foi falsa ao correr da tarde,
que dito veio a ser não dito,
que fim do mundo caducou;

a lei da gramática já não se aplica,
o telemóvel envelhece
mal sai da loja, o ofício extraviou-se
e o recurso prescreveu,

os comprimidos tinham a morte
como efeito secundário,
os horários dos comboios
mudaram, a rua agora é

de sentido proibido.

X

Continuemos,
já vai ficando tarde.

Eis um vulto assoberbado
na drenagem do ódio:
exímio burocrata, a tomar nota
das sombras mal colocadas.

Coleccionador a sangue frio,
despreza o fruto apetecido,
desiste, vira costas, depois volta
e faz o favor
de arrebatar o lote.

Por fim exulta: saíram-lhe
os cromos raros;
junta num dossier os dias da ira,
monta a maquete perfeita
do juízo final.

Se houver anjos guardiões
do Livro da Vida,
devem
invejar-lhe
o impecável zelo;

ou talvez tenham medo dele:
é menino para lhes acusar
alguma incúria
no serviço
por correio registado.

Há *hobbies* assim:
descolar selos de envelopes,
trespassar lepidópteros,
as muitas variáveis
do sado-masoquismo;

outros, como este, fazem-se guarda-livros
das culpas,
aprimoram a letra
em denúncias exemplares, peças
de antologia, dignas
de manuais.

Mas as leis do mundo são faca de dois gumes,
cortam mesmo embainhadas,
e ninguém assina uma denúncia
sem a si próprio ferir um pouco.

Por isso quem leva o inferno pela trela
pelo inferno é açaimado, mas não o sabe:
que é de todas as cartas a maior virtude
regressarem sempre ao remetente.

Assim também o gume da cantiga
de escárnio
e malviver:
quem lhe toca fica com
os dedos queimados.

Assim também estas palavras:
acusando o acusador
a si mesmas acusam:

arderemos juntos, carta devolvida,
fumaremos o mesmo duelo
na mesma sala de espera
dentro do mesmo
espelho.

XI

Quem existe que possa dizer
«de nada me arrependo, tudo o que fiz
faria hoje outra vez»,

quem não apanhe do chão
a cinza dos prazos vencidos,
e tente
soprar-lhe, entre os olhos,
um alarme
contemporâneo?

O tempo solidifica à
menor aragem, o passado está
selado
num arquivo que dispara
pontualmente a meio
da noite.

Este homem, por exemplo, que
joga às cartas no parque:
espuma da barba a escalar a cara,
memória de selvas, descampados,
a incerteza do nome.
O trunfo é paus
e pedras, um passo em falso

e uma árvore de fogo
fugaz.

Mas a rodada vai de feição
e sob a mesa há excursões
de cigarros, trocos, uma nota de vez em quando,
este tactear no trilho das sombras,
um levantamento das terras e de
ossos.
Ele pergunta se já terá matado,
se alguma vez
terá matado
alguém,
e não se lembra, jura, já não sabe,
não devo ter sido eu, pensa, o trunfo é paus,
ou espadas, ou já foi há muito tempo,
e vamos à desforra,
só mais um jogo, mais
uma vida.

«Matamos por ninharias»,
disse F.
Matamos no primeiro vagido
e ainda mais cedo,
muito antes de termos nome,
argumentos e má-fé.

Todos somos gestores
de quotidianos genocídios,
só nos resta
o desporto do remorso:
civilização,
descontentamentos.

Por muito menos houve quem
vazasse os próprios olhos;
nós — entretemo-nos nos tempos
mortos, contando estatísticas,
recordes, variações da
vergonha.

XII

O tempo solidifica ao menor vento,
tudo cristaliza no tempo:
mesmo o fio de chuva,
o voltear da poeira,
a impaciência do sangue.
E não há redenção
que não a esperança
da amnésia a jusante.

Pois nunca o que foi feito
se pôde
desfazer:
nem aquela palavra tardia,
nem a visita
adiada;
ninguém pode, mais tarde,
amansar
a onda que arrastou o corpo
para alto mar.

Nenhum perdão
apaga
ter havido primeiro
o insulto;
os inimigos sobreviveram

à vingança
mas soube-lhes
a pouco;
vamos pôr uma pedra
sobre o assunto?
Nem a pedra tumular
apaga a fúria
inaugurada.

Podes, Penélope,
tecer
véus ou mortalhas,
e puxar os fios
à trama toda a noite:
ninguém corrige o tempo
e já os pretendentes
se vão fartando
de esperar:
nunca o que foi feito
se pôde
alguma vez
desfazer.

XIII

Esta mulher anda aos círculos
mas não dá conta:
é uma lição de verticalidade
sobre saltos altos,
agendas em cinco continentes
por ubíquo *skype*.

Dir-te-á, afastando uma cortina
de calculada vergonha,
que lutou muito para chegar
aonde chegou; mas
só és digno da confidência
porque ela primeiro aferiu
o teu conhecimento
do cinismo,
os clubes de que sabes
a palavra-passe.

Nada de muito óbvio:
se não serves, ela apenas
se cala um pouco mais cedo; espreita
sobre o teu ombro, depois
começas a sentir-te invisível.

Claro que não chamaria o empregado
para te pôr na rua,
e nem sequer te mostra antipatia, porque —
vou ser sincero —
tu não existes.

Ela fecha o silêncio
até ao último botão, vira costas
e afasta-se à procura
de mais proveitoso simpósio,
alta e aprumada, sabendo que
a eternidade depende
de mais um ou dois centímetros
nos saltos altos.

Falemos então de privilégio,
nós, os privilegiados: falemos
de lutas e heranças, e da roda da fortuna,
dos gestos estremunhados com que esqueces
os pés descalços de anteontem
no caixão dos teus avós,
o balancé deste teu nome onde assombram
os fantasmas esquálidos das gerações.

Falemos da ordem das coisas, instituída,
e tão entranhada
que nem a vês, nem a distingues
do sol e da chuva e das nuvens perdulárias:
tudo o que insiste tanto em existir
que se torna, como o ar, gratuito e invisível.

XIV

De que é feita a ordem vigente?
Um incêndio arrefecido, um jogo paliativo,
naturalismos insinuados.

Submetes os textos à vigília
dos holofotes, no campo de batalha:
daqui ninguém sai enquanto

não soubermos tudo: datas, sítios,
os nomes conjurados, a vida secreta
da insónia.

Mas é inútil. Mesmo a luz apontada
faz parte da traição. As técnicas de interrogatório
inventam culpados.

O soro da verdade (repara:
até o nome é suspeito) só te dá
o que já esperavas encontrar:

mentira e revelação, o lance
da culpa. Nada que não pudesses prever.
Eis, invisível, a ordem vigente.

Já nos disseram, já nos juraram
que o mundo é assim, não há nada
para ver.

Ora, no girar do calendário, o que não falta
é *peep shows* a encher os olhos;
e quanto à circulação: não custa circular,
basta a lei da gravidade para
animar o andamento,
custa sim travar
junto às línguas que desconheces, custa
não saltar
na vertigem do vazio.

Se queres romper o ciclo vicioso, não basta
chorares como um profeta; e deves evitar o riso,
que traz sempre
a catarse;
evita, mais que tudo, o vago desporto de
comentar goleadas, o estado do mundo, o chá das cinco
das lamentações: se queres romper
o ciclo, se queres mesmo
romper este ciclo,
renuncia,

renuncia.

XV

Não o minotauro — mas o algoritmo —
compreender-te-á.

Porque:

1º) todos os touros foram
açambarcados,
pendurados,
esfolados vivos
em nosso nome,

Ovídio agora é arrumador de carros,
está pele e osso, não tem onde
cair morto;

e por outro lado

2º) o algoritmo
conhece-te:

ele sabe os nomes mais ínfimos,
consultas, inquéritos, reservas e compras,
as dúvidas nunca resolvidas,
lentamente esquecidas,

palavras-passe antigas,
substituídas;

sabe as datas, os aniversários,
mesmo o *spam* que nunca foi aberto,
respostas, reencaminhamentos, o instante preciso
de um equívoco,
depois alguém morreu
e não foste a tempo de pedir desculpa,

mas sobretudo ele sabe
os teus gostos, preferências, definições avançadas:
e se fosse um prato de cozinha chinesa?,
e se fosse um destino de férias?,
e se fosse uma forma de crime violento?,
e como gostarias de morrer?
mais o questionário de Proust,
e o signo, incluindo
ascendentes, excepções,
aquela avaliação de Q.I.,
feita
um bocado no gozo, para passar o tempo;
sabe até às vísceras
o caminho dos dedos na rede do corpo,
o sentido da vida, o lema secreto,
as três fobias mais populares, e ainda
a grelha de detecção de sintomas do transtorno obsessivo-compulsivo,
e ainda que não és um *robot*, porque
identificas sinais de trânsito, caixas de correio, semáforos,

sabe
todos os teus gostos, desgostos, e o que te é
indiferente, irrelevante, ofensivo ou já adquirido,

o esperanto dos teus sonhos,
as tuas juras em vão,
os mandamentos traídos,
as confidências falando do túmulo,

ele sabe, mais do que
um psicanalista, um confessor, um leitor com
insónia ideal,
mais do que um espírita, um mentalista, uma alma gémea,

os segredos de toda a gente,
em rede, cruzando dados,
sinais de telemóvel,
imagens nas câmaras da cidade,
registos do multibanco:

o algoritmo,
como outrora Deus,
sabe tudo,

e compreender-te-á
melhor do que
ninguém.

XVI

Estou a ver uma sombra, uma dobra
nas cortinas, pode ser um homem,
diz que tem saudades tuas,

saudades da moagem grossa
da manhã, o ar a florescer
oxidado nas narinas,

talvez alguém que tenha morrido,
que possa querer
dizer-te um segredo, meia palavra

partida?, talvez um pai, um vago tio,
o desfiladeiro que desce pela tua mão,
que te queira dizer uma palavra

interrompida, pedir
um favor, uma vela, uma chuva
a arder no terraço,

também pode ser mulher,
esta voz a chorar, lembras-te de alguma
mulher que possa chorar,

noutro tempo, que tenha morrido, sem dizer
todo o pavio da saliva, o teu nome de cor,
luzes no dicionário, inundado,

vejo a aura de uma boca, a pairar
contra as trevas, os dentes levantados
no desfile das sombras, alguém

que te queira bem, que se lembre
no pousar do pó, nas frinchas da persiana,
na face das folhas cansadas,

uma voz sozinha que te peça: sobe
o caminho do monte, à ruína da
velha casa, ossada, o nome corrompido

por silvas, sonos, palavras
sonâmbulas de linhagens cruzadas,
faz isso em lembrança de mim,

vejo uma mão estendida, inerte,
pulseira com um número ilegível, saindo
dum lençol como uma asa partida,

que te quer bem, que segurou a tua testa
quando há tantos anos vomitavas
a febre, o corpo desatento,

vejo dois olhos de quartzo,
num canto do quarto,
velando os teus brônquios, perguntando

se estás melhor, se
és feliz, esperando
notícias remetidas pela tua boca, se te lembras

dos nomes, dos esbatidos retratos
que te seguiam no corredor,
e que nunca conheceste, ou não te lembras,

lembras-te?, dos nomes, da escuridão
recortada, do pêndulo a crestar
o papel de parede,

o monstro atrás do armário, na despensa,
sob a lâmpada pendurada,
balançando,

a teia de aranha
obsidiante, a velhice rápida dos nomes
postos na mesa, perguntam

como vai
a tua família, e as coisas lá por casa,
se a figueira ainda arde

no canto votivo do quintal,
e que é feito do relógio, se ainda dá
as horas de antigamente,

se chegaste a mudar
o vidro estalado, se a cicatriz fechou,
se a chuva ainda desce a rua sem parar

até ao bueiro atrás da casa,
escuro, denso, rugindo toda a noite
no inverno...

XVII

Respirar todos os dias dá imenso trabalho,
e verificar a cotação própria no juízo dos outros;

por exemplo, este poeta
a peregrinar entre livrarias
verificando o *stock* do apelido
nas estantes;
                    pensando:
se ao menos eu fosse o único sobrevivente
de um avião em chamas, e me safasse
sem uma beliscadura,
e me tornasse viral: o poeta que
a poesia salvou, *in excelsis*, o
escolhido das nuvens!

A história da estética anda lotada de casos assim,
e de boas intenções está o inferno
cego.
Já para não falar, claro, dos casos perdidos:
assim de cabeça lembro-me já de
uma boa meia-dúzia.

A poderes escolher, que preferes:
uma boa vida ou
um bom verso? Raras vezes

os dois se encontram no mesmo corpo;
há sempre uma fada madrasta
esquecida para o baptismo,
que deita arsénico na pia,
esse sabor a sangue na língua, a vergonha
da tua cara no espelho.

O criminoso esquece sempre as mãos no cenário
do crime; é por isso que regressa,
gritando: não fui eu,
reparem bem em mim, decorem a minha cara, estou
tão inocente!

Ter nome na praça, sair nos suplementos,
comentar na televisão
política e futebol, vender
pai e mãe: eis o segredo
de um bom poema.

XVIII

Cai morta em pleno voo
uma asa de pássaro
nas lajes da praça.

Entre o céu e a asa,
todos são culpados
até prova em contrário.

E ninguém se furta ao juízo:
um coro de insónias
aninha-se nos teus ouvidos.

Entre a despedida e o regresso,
entre a amnésia e o conhecimento,
revês a conta dos remorsos:

como feridas na retina,
as testemunhas de acusação
lêem a longa lista,

litania de manchas,
contraponto das tuas culpas,
tuas grandes culpas:

tutti ecoando nas abóbadas,
coro armado, barítonos, baixos,
vozes dobradas a canhão.

E para teu advogado nomearam
este homem gago, tartamudo,
com péssimos tiques, que

repete o fim de cada frase,
entremeia uns «digamos»
e remata com «percebem?».

Mas de leis não percebes
nada; e se este advogado
também parece estar a leste,

podes ao menos atribuir-lhe o desastre,
evocar um erro jurídico,
delegar a responsabilidade

na hora do abate.

XIX

Como nos poderíamos entender, se
dou por mim, ao fim dos dias,
a sonhar com claustros, águas furtadas,
impassíveis areias
do deserto,

e tu partes os diques da língua, somando
rimas, recortes, amostras grátis,
juros especulados sobre nada, tudo
desde que faça barulho, muito
e tão depressa

que das palavras fique só espuma,
e rebentem os grãos
entre palato e ouvidos: grutas
de arquivos, cartas extraviadas,
mausoléu,

ignorando a matemática inversa da
linguagem: que, quanto mais se estende
a fala, menos diz:
é o serviço completo da palavra
que oficializa a surdez.

Por incrível que pareça, também existe este desporto: açambarcar os erros do mundo, responder pela inconsciência dos outros, pelo mau alinhamento galáctico; pensar: «se eu não tivesse dito aquela palavra», ou, o que vai dar ao mesmo: «se eu tivesse falado a tempo».

Conceber sempre o pior cenário; prever como, na estrutura completa da máquina, cada golpe de sorte desencadeia o mal maior; ser, nas rodas da engrenagem, a pedra suficiente, e protestar se ninguém acredita nas aziagas profecias: eis outra forma de volúpia, de inferno portátil.

Os antigos esgotaram o catálogo
das torturas; só precisamos
de reconhecer a cor do lamento, o modo como
esta luz não nos sacia;
recordar, por exemplo, o que morria de sede
junto da água: Tântalo, hidrófilo
e hidrófobo, trágico *plot*, agora
basta preencher os espaços vazios com
a palavra adequada e/ou riscar
o que não interessa.

Os antigos esgotaram o catálogo
das torturas, mas a nós cabe
experimentarmos
as suas variações; por exemplo, não a sede,
mas a ânsia de falar sem descanso
e nunca ficar satisfeito, nunca dizer
Verweile doch, ich habe genug,
nunca parar para ouvir uma palavra
desvanecer-se no ar.

Outra imagem, posso ir buscá-la
à economia, ao ciclo da desvalorização:

porque o risco de usar as palavras
nesta luta de *horror vacui*

é acordar um dia e dar conta
de que já ninguém ouve, e nada significa

palavra alguma, não adianta gritar
que os lobos descem a colina,

nada vale, nada fica, mesmo se apregoas a tua vida
numa venda de garagem:

aparecem algumas pessoas,
vasculham um bocado

no caixote dos monólogos,
e acham tudo muito caro,

tudo muito inflacionado.

XX

Vive um demónio em mim que insiste:
pára, não escrevas, desliga o computador,
desaprende o caminho
das pedras, *inventio, dispositio,*
elocutio, tropos testados
em laboratórios, por *blind peer*
review.

Como um dia dissemos (nós, legião)
àquele louco em Atenas: suspende
o que ias fazer,
o sol vai alto e a vida é longa,
com um travo a cicuta no fim;
por estas e por outras, dois milénios depois
ainda um alemão nos zurzia
nos seus ditirambos; mas não faz mal:
para compensar convertemos entretanto
um copista de Wall Street
e apócrifos lordes Chandos
(mas isso é outra história).

Para o grego havia no silêncio reserva,
método, dúvida razoável,
quiçá insólita forma
de timidez;

para ti haverá tortura: indolência,
lento,
lento adiamento,
um torpor, ignávia & desídia,
um não apetecer escrever, disfarçado de piedade
pelas árvores sacrificadas,
a inutilidade de tudo citando o *Eclesiastes*,
um renunciar ascético, um inverter de prioridades,
uma vergonha,
no fundo uma grande vergonha,
um medo,
o teu medo,
um medo só teu.

E não me aquece nem arrefece
aquela história
de poetas a matarem poetas
num festim psicanalítico,

também já cansa a outra frase,
dos poetas maus que copiam
e os bons com licença
para roubar,
mais os juros do aforismo
na bolsa das erratas,

e quanto à certidão de óbito do autor,
tem sido tão mal lida
que mais apetece defendê-la
dos seus vivíssimos intérpretes,

em suma,
em suma —

o que importa é só armar-me desta arrogância,
loucura, sagrada insolência
de teimar no ofício
da imperfeição.

...quanto ao texto que me enviaste, li-o com interesse mas, confesso-te, também com algum incómodo. Não leves a mal se

    e agora vai, livro, lançado aos cães,
    aos que guardam o território, e três vezes ladram
    a quem salta
    o portão
    imaginário;

com a maior frontalidade (doutro modo seria inútil

               uma matriz que se repete: a culpa, a inocência, e uma espécie de tribunal mais ou menos assumido, quer dizer,

    longa história de caninos agudos,
    vigilância das coutadas, dos nomes
    conquistados prémio a prémio, traduções,
    viagens subsidiadas, colunas semanais,
    muita televisão, festas, *piercings*,
    cotas, novíssimos, assíduos bares da capital,
    um olhar que
    já espreita sobre o ombro companhia menos
    comprometedora;

                a pergunta que apetece fazer é: porquê esta
insistência toda, quer dizer, donde vem esta tua obsessão
como que maligna

       (um vocabulário recorrente, traumático? esse ajuste de
       que contas secretas, delirantes

se nunca ninguém te fez mal
que se visse

      colarás um selo na língua e será amargo
         amarga a tua solidão, contudo não a trocarias
         pelo jantar com o embaixador, a mesa-redonda sobre
           o desenvolvimento sustentado na literatura

                de vingança soberana e impune,
                quantas estrelas em cinco,
                e uma pensão honrosa,
                receberás a tença

porque sabes que és o teu pior inimigo, e que te deves vencer a ti
mesmo?

XXI

Sob a cave, por um alçapão, desce-se
a outra cave ainda, onde

um homem sonha que sonha
a sua vida; que regressa

à escola em chamas, com
os gritos ao fundo do corredor,

outra vez a digitação do corpo,
outra vez o lento cerco

do futuro, dos erros anunciados;
o homem vê-se a si mesmo,

de fora do seu corpo,
sabendo que repetirá

insultos, mentiras,
perfídias finamente delineadas,

assiste à sua vida como a um
filme, noite após noite,

eis a sua tortura, e já não é a primeira vez
que lhe acontece.

Canta comigo a canção
das coisas que se repetem:
o cortejo dos equinócios,
a noite cada vez mais cedo,

este interrogatório matinal
ao espelho, inconclusivo,
o indicativo da rádio,
o sangue gelado nos dedos,

um fio de trânsito em fundo,
um pulsar sob a almofada,
a demora ritual do sono
e a poeira que brilha nos vidros,

o encardido misterioso das mãos,
os aniversários sempre confundidos,
uma assinatura oficial, deferida,
todos os itens anteriores,

inspirar, expirar, o nervosismo
das células, uma palavra com sabor
a repetido, mesmo antes de
ser dita; e a tontura orbital,

este modo de atender o telefone,
o ciclo de lavagem dos lençóis,
o código mnemónico do multibanco,
obras no metro, a lenta inclinação

dos prédios sobre os teus sapatos,
a insídia da fome regressada,
a cerimónia semestral do dentista,
a memória e sua corrupção,

pois só se nasce uma vez,
mas todos os dias se morre,
entre as seis e as sete e meia
no sofá pardo, ensaiando

uma peça de acto único,
tantos anos em cartaz:
o ponto já morreu há muito,
vamos bater texto toda a noite;

pois só um louco pode dizer
que te ama, ó eternidade:
quanto a nós — acatamos
contrafeitos a convocatória

de regressar burocraticamente
às tábuas do universo,
e só nos resta uma pergunta:
que tens para alegar, tu,

em tua defesa?

XXII

Estes dias mais parecem
o refluxo de um afogado:
deitado sobre o flanco,
músculos tensos, o sal ainda
nas têmporas, nas dobras
da boca queimada:

e com tão pouca coisa
se esmaga um homem; basta
a guerrilha da luz
polvilhada nas janelas,
um olhar de viés
na triagem dos lugares,

os nomes mal colados,
as linhas imaginárias,
este arame desenrolado
no dorso das montanhas,
a casa calcinada
por uma chuva de fósforo,

com tão pouca coisa se calca
a altura de um homem:
um vento mais afiado,
a propaganda do terror,

o conluio dos olhos cegos
com as línguas entorpecentes,

e não há cura, dizem, para
tão obscuras cicatrizes:
ninguém solda, ao rubro,
ossos quebrados tão fundo,
onde desaba, generosa,
a grande chuva negra.

Enquanto o trânsito derrapa,
lento, para o abismo,
é preciso, enquanto há tempo,
saber catalogar
a paleta de azuis
no reflexo dos metais;

mas para quê, para quem,
se não é neste mundo
que nos cabe viver,
se foi viciada de raiz
a distribuição do desespero
em partes iguais?

Com tão pouca, pouca coisa
se desprende desta imagem
o nome que a segurava:
com o passaporte da fome,
a água lenta na traqueia,
a linfa quente como gasolina;

este chamamento impreciso
do puro nada;
e era preciso adivinhar o todo
a partir das sombras,
por exemplo, estes olhos vazios
que se abrem no céu,

procurando em vão, remexendo
cacos, garfos, pedrarias,
a tua mão afogada na onda
de salitre, esta bainha do vento
onde te escondes
abandonado.

XXIII

Misantropo, irónico, um tanto moralista,
estudas-te no espelho pendurado:
uma mancha pálida coagula

com a aura preta a crescer
a toda a volta.
O candeeiro da secretária

ilumina os papéis, as tuas mãos:
meios-círculos claros
rasgam algumas formas

incorpóreas. E ao meio
uma cara aparece.
A moldura fecha o rectângulo

de sombra. Vamos por partes:
a) Caveira, fechada na cara, presumes,
com os ossos a brilhar. Estende

a mão, sente-a: matéria dura
moldada pelo mundo.
Cofre, combinação secreta, corpo devassado

por ruídos, cores, fuligens.
Caixa poluta,
criatura.

b) Vela: um fio eléctrico, um *led*,
sempre certo nas folhas
brancas, demasiado

higiénicas (é suposto
deitar a cara nas folhas, despejar
a cinza das ruas

no papel? lavar as mãos imundas
na mortalha de seiva? ou
deixar escorrer o fel

na garganta, engolir
estricnina, cantar arcádias?)
c) O espelho, claro. Porque

só há caveira, vela, aura negra
se o espelho se dignar reflectir.
Só brilhas no meio

do *memento* se um rectângulo te concede
lugar:
esta mancha

da lâmpada no papel, do papel na tua cara, da
tua cara no espelho,
reflectida pela luz,

299.792.458 metros
por segundo,
a fixar a tua imagem, quer dizer,

estas sombras, quer dizer,
esta ténue
táctil intacta cara.

Tão rápida essa luz
e mesmo assim desfasada,
tão perto e distante, ou em tempos diferentes,

aqui, no espelho,
aqui, e por dentro uma caveira,
aqui, uma lâmpada.

Nem é certo, pensas, que este reflexo
seja teu. Que sejas tu
imerso nesta aura, fechado

na moldura.
Tu próprio. Que sejas.
Nem podes aceder à rede, verificar

se continuas *googlável*,
quer dizer,
real.

Só tens
esta pouco lúcida crença solipsista:
que aquela parca mão no espelho,

pousada na folha branca,
responde à tua mão pousada
na folha branca,

como um animal que espera
o golpe de misericórdia.
Tingida de cloro,

a mão estuda-te:
metade dela é sombra;
e é clara, lisa,

mas as manchas
não tardam (vais bem a meio
do caminho, ou até já passa).

Pões-te a olhar para ela,
um tudo-nada mórbido,
como se houvesse, pudesse haver

aquém da luz
algo que não fosse
reflexo desfasado de fotões,

que não fosse articulação
de sílabas, traços, sintaxe
de palavras imperdoavelmente

desperdiçadas.

XXIV

E já me cansam os passos perdidos
neste *trobar clus* esgotante
pelas ruas, pelos declives, uma cara à chuva,
estas bocas desencontradas

das palavras, vagas frases, «tu não
estás bem aqui, pois não?»,
este desgaste do sangue no
horário de abertura das lojas,

e os fins-de-semana iguais
a quaisquer outros, as mãos
feitas de pó, desfiando um
«nos dai hoje» submisso,

e esta areia na língua:
«então às três, sem falta, no café do
costume», máscara fúnebre
a envelhecer na cara, grumosa

do mau suor nocturno, arremedos
de um remorso imaturo, a palavra
que ficou por dizer, a voluntária
frieza de outros dias,

andamos todos a fazer
a crónica da peste: «sempre deitaram abaixo
aquele prédio, agora a luz é menos dourada»,
e cuspimos saliva, dentes e ossos,

lemos os jornais de amanhã,
deitamo-nos na cama de ontem, entre
as unhas cortadas e o paracetamol,
e os números verdes do tempo,

nem é grave vestires a roupa sempre pela
mesma ordem, cuecas, camisa, meias,
depois as calças, o cinto,
os sapatos, não é grave as tuas mãos

saberem de cor os riscos da persiana,
o rebate dos cães no pátio, a trepidação
subliminar do metro, muito pior é
não perceberes que estás vivo

neste resquício de manhã,
leres os títulos nos jornais
com a moeda sob a língua
e a cidade a conspirar

contra ti: a devastação do litoral,
a chuva prevista para o solstício,
e a derrocada dos pássaros
no céu, este grito na borda

dos olhos, mais a vala comum
das ideias, tacões no soalho
toda a noite, e não haver a quem pedir
misericórdia, tu pensas, eu penso, nós

confessamos, «estamos a arder,
estamos todos a arder em fogo lento»,
brandas chamas, a fazer render desculpas,
histórias, e nem sequer há ninguém

a quem pedir misericórdia.

XXV

Agora tu estás morto e eu estou vivo,
como quem expia um crime, o atentado
ao pudor de ainda tropeçar
nas ruas.

E é um escândalo as fachadas serem tão altas,
um atentado a publicidade vir parar às nossas mãos
tão facilmente.
É obsceno ainda haver horários,
atrasos, desencontros,
e fazer-se uma coroa de nata no copo de leite,
e ainda haver palavras pousadas em todas as coisas.

Por mim — entregue o IRS, escritos os sumários,
todos os objectos alinhados contra a segunda-feira —
ando pelas ruas vejo-te em todas as caras,
reparo melhor, afinal não eras tu, nem sequer
uma pessoa parecida,
nem sequer
uma sombra.

Cada um de nós tem um velho professor
de latim
vagueando
pelos corredores, rememorando
regências de verbos, excepções à regra,
a elegante cesura
dum hexâmetro.

Cada qual, quando pensa no Hades
(longas tardes de domingo,
a chuva lá fora), lembra-se
da declinação dos mortos,
da sombria peregrinação.

Elias Canetti escreveu num ensaio que os vivos,
perante o corpo do morto, vivem
um sentimento de triunfo;
inconscientemente, dizem: «venci-te:
tu morreste,
eu estou vivo».

Em todo o trabalho de luto,
um selvagem mede forças com
a sua própria sombra. E só vence
quando é vencido.

XXVI

Depois dás por ti, quem diria?,
a invejar os gnósticos,
cátaros, albigenses, maniqueus:
eles, ao menos, sabiam
que este mundo foi moldado em sangue
por um deus torturador.
Não lhes tirava o sono
o mistério das coisas:
não há enigma, só choro & terror,
e de vez em quando um rebate de acédia.
Quanto à carne, nem vale a pena
grande dialéctica: é tudo
para deitar ao fogo, mero acidente
na suposta história
da alegada salvação.

        Dás por ti
a pensar: se eu fosse de porta em porta
a vender a inocência em fascículos,
a pregar o grande desprezo
por esta jaula de pele,
tudo faria sentido: a tremura da claridade,
a insónia estremunhada
pelo roncar das condutas.

Como seria bom
generalizar, usar expressões do género:
«hoje em dia toda a gente…»,
ou «isto já não é como dantes…»,
ou até «a juventude…»,
truques ergonómicos para
calar esta voz obcecada
pelas excepções, pelo cromatismo
das palavras, esta atenção
ao detalhe, esta tortura de um deus
(*quod erat demonstrandum*)
cruel.

XXVII

Rodeia-te de citações
como de assassinos:
ninguém escreveu livros
para te facilitar a vida,

sábia é a revoada da luz
nos caixilhos,
mas o teu corpo
madruga para mentir,

na aura do banho, na pose
da corrida, quando se coroa
Espelho das Virtudes,
mas com lepra secreta,

fruta tocada,
morte no raio-x,
meia *vanitas* para bom
entendedor.

Chegas a dizer: «não me peçam
coragem, jura, cumplicidade,
conheço os meus medos
um a um, pessoalmente:

ameaçado, confesso tudo,
mesmo sem tortura
digo o que não devo
e até falo durante o sono»,

enfim, a humildade
também embriaga,
e a ressaca, admite,
não é bonita de se ver.

Mas tal como nos habituámos
a ter mãos, peso,
e um corpo simétrico,
como decorámos

o nosso nome, esse ardil
pavloviano —
também já não reparamos na nossa
orgulhosa humildade.

Ainda o sono cobre as casas, já
montaste o juízo final, sob a
condição de seres juiz,
testemunha e acusador.

Com que idade te vês a ti próprio?
Pois não vivemos no
presente; estamos sempre um pouco
atrasados na fotografia,

ou a cobrar dividendos
por conta. As utopias têm a mania
da impaciência, e nunca é cedo
para o paraíso publicitado

em suaves prestações.
O nosso crime tem sempre
desculpas, a distração dos outros
é imperdoável.

Dito isto, conheço
processos terríveis, erros jurídicos,
arrependimentos tardios
à hora da morte,

corrigenda instantânea
e retroactiva,
rewind dos actos: os cacos
formando o copo.

Também há quem assegure
que paga o justo pelo pecador,
frase que não consta alguma vez
um pecador tenha dito —

esse animal raro, desconhecido
dos mais extremos coleccionistas:
Pascal, Kierkegaard
e outros atiradores furtivos.

Vamos lá a ver: bem podes
vestir saco, encher o cabelo de terra,
porque morreram as tuas reses
e a provisão dos teus filhos,

gritando Porquê Senhor Porquê
do fundo do poço. Para teu
conforto, há rios de lamentações
a servir de minuta;

mas antes de cansares a voz, pensa
se esta praga sensacional
não responde a uma culpa antiga
esquecida,

pois os prazos são caprichosos
no equilíbrio moral dos tempos,
e as dívidas não prescrevem:
somam juros;

no teu quarto, à meia-noite, entram cobradores
lembrando aquele «posso ficar a dever?»
que se multiplicou, e impressiona agora
na capa da *Forbes*.

Se te parece errado o dia, o acidente,
a distraída passagem de nível,
não te precipites a concluir
que a máquina avariou:

talvez o teu relógio esteja
um pouco ferrugento, e aliás
que sentido faz
medir o tempo

com ponteiros e rodas?
Já não há cartas na manga,
anjos arrebatando Túndalo
para lhe mostrar o inferno,

e ir provando as torturas
em descargo das culpas,
ortopedia grátis
da alma reciclável,

já não estamos na Idade Média,
sabemos que as desintoxicações
admitem recaídas,
que o sangue decorou o travo do erro

e toda a noite canta
a alegria da danação;
nenhum escoamento das veias
desenraíza a memória mortal,

aquela que, quando
esqueceres todos os nomes,
ainda virá num refluxo
à tua boca

e te sobreviverá.

XXVIII

«Tens de mudar a tua vida», diz um poeta que leste,
mas para isso precisas, primeiro,
de ter uma vida,
não esta fiada de sonos mal dormidos,
uma lâmpada acesa
ateando a noite
resoluta.

Uma estância,
quase prece:
se
eu não morresse
nunca.

Mas em que mercado negro
se arranja uma vida?

E antes de viver
que moeda tens para a troca?

Neste frágil microcrédito,
que órgão deixas por caução?

Como se partem estas correntes,
por onde se sai da caverna,

quem opera as cataratas,
e jura a verdade do conto?

Perguntam os mestres: que barulho faz,
a bater palmas, uma só mão?

Se até do vácuo tiras
partícula e anti-partícula, porque

não aprendes a respirar
e a cumprir a palavra dada?

Já estará tudo escrito,
ou ainda podes jogar aos dados?

Ninguém semeia sem semente,
ou basta fazer o gesto?

A que porta vais pedir verdade,
sem inventar primeiro o batente,

a madeira, o terrível umbral?
E abre para fora ou para dentro?

Que mestre ensinou o mestre,
e no início que outro ensinou,

e a esse ensinou qual?
Se ninguém havia, e só era preciso ver,

para que precisas de portas,
umbrais terríveis e mestres

que te ensinem a adequar
significados a significantes?

Se já havia a dor, antes
de saberes a palavra «dor»,

por que razão é na língua que sofres?
Porque te custa tanto traduzir

este vago pressentimento,
o aluvião do passado,

áscuas, uma mentira
antiga, esta rotina de presídio?

E alguma destas perguntas
faz sequer algum sentido?

Chegou tão cedo o tempo
das decisões difíceis,
e ainda mal sabemos olhar
esta luz indecisa tocando
os esboços das coisas.

Chegou tão cedo a hora abstracta
de dizer sim ou não,
a data esquecida que irrompe
três dias antes do tempo,
se andávamos entretidos
a correr atrás do vento,
e ninguém nos avisou
da prevalência do medo.

Chegou tão cedo, já é tão tarde,
o tempo das decisões
fundamentais,
mas demora tanto a nossa coragem
distraída nos caminhos,
como este relógio de sombra,
com os ponteiros desencontrados
entre o prazo e o agora.

Se é tão tarde, e estamos cansados,
como recuperaremos as lições perdidas,
em que curso nocturno, em que aulas intensivas,
onde se aprende a maturidade instantânea,
em que horas extraordinárias?

XXIX

…aquela parte da tua carta onde dizes que eu me devia reconciliar

«a vida demasiado breve»

mas a fúria salva,

        já escrevi isto noutro sítio, mais do que uma vez,
ainda não consegui ser suficientemente claro, terei de

essa fúria, não quero despojar-me dela,
a fúria é corrosiva, mas também

                couraça de fogo
                salto no vazio

por isso não desejes que eu me expurgue desta força maldita (sob
o risco de desaparecer num rigoroso nada)

        a «felicidade» é a razão última de todas as
        coisas? Não estou assim tão certo; tantas
        vezes sacrifico a «felicidade» a outras razões,

mas que saiba sempre as razões da minha fúria, nunca me esqueça
de perseverar neste ofício

        e acordar na lúcida enxurrada

Esta imagem pousada no espelho mostra que me desconheço; que a minha voz não tem substância; que outro vive a minha vida e habita o meu corpo. As minhas palavras são emprestadas; depois de jejuar provo o meu sangue e não tem sabor.

Talvez ninguém possa provar o seu próprio sabor, dizem-me, talvez o sal não saiba que é salgado, o mel áspero, e o sangue arrependido. Talvez nos espelhos sejamos todos transparentes e sem peso.

Talvez sejamos sem peso, mas ganhamos o peso do que dizemos; e conforme a cerimónia afinamos o nosso rigor. Não terei outra identidade senão a do jogador sempre díspar, mas nesse jogo dia a dia me invento.

XXX

Os guarda-livros do mundo andam atarefados:
ainda agora alguém se engasgou com uma maçã
e logo se partiram as escadas,
fui arrebatado numa nuvem de hidrogénio,
e desci mais um degrau,

colossal degrau na profundidade,

e o que vi

não sei
dizer.

XXXI

Uma imagem levantada contra o nada,
tantas vezes o nada sem a ressalva duma imagem,
tantas vezes a cinza sem um nome,
ou a fuligem calada,

grão
espesso
cego,

malha
de luz
recessa:

imagem
nua,
apagada,

nada.

XXXII

Ao fim de muitos dias alcançámos
o fundo do vale sombrio,
exangues, pés em chaga, apavorados
com a própria sombra, tudo nos era
motivo de alarme: o vento,
os cães, as linhas
nas palmas das mãos; a falta
à promessa dada e a traição
por um preço mais alto; uma denúncia, um
numerus clausus, um perder pé
à beira do abismo.
E contudo
alcançámos o fundo do vale, assustados
mas vivos, atravessámos
as últimas portas, estranhamente
não vigiadas; ao abandono, quase.
Levantámos
mais alto a candeia
que nem os ventos nem a dúvida
apagaram: aura de fraquejante
clarão, recortada em negrume, esmagada por
negrume.

Mas onde esperávamos o fogo, as tenazes,
os tridentes do nosso folclore,

e, sentado nas chamas, em pessoa,
um vulto em contraluz, um hálito, a
sombra de
uma sombra,
havia apenas

um espelho,
à nossa imagem
e semelhança.

E, atrás, este coro
de bocas queimadas
pelo qual

nada podes.

XXXIII

Agora fecho este livro
e agradeço-te,

anjo.

Há muito que sinto
a tua nuvem de sálvia
e arruda ajoelhada.

Há muito me acompanhas,
e te calas
para eu respirar, à tona
das ruas turvas,
quando tu
(dizem todos os Padres da Igreja,
todos os loucos de Deus)
falas a língua de antes de tudo, de antes
de acordar, onde as coisas residem nos seus verdadeiros
nomes
brilhando, brilhando

(depois acordamos e esquecemos,
com a boca avinagrada,

vaga memória de tudo fazer sentido,
mas como?, porquê?, numa língua estrangeira,
e lavamos os dentes, vestimos a roupa, embaciamos os olhos
num colar de gotas:
dizemos os nomes mas não dizemos as coisas,
falamos e não dizemos nada,
descemos de elevador para a rua
e descobrimos que estamos perdidos).

Agora agradeço
o teu silêncio, quando poderias
ter corrigido os meus erros;
como aos profetas e aos loucos,
habitar a minha boca,
vestir a minha mão como uma luva, e escrever
a perfeição.

Mas preferiste seguir-me mudo
(talvez uma ordem secreta te fechasse os lábios),
e assim pude errar
quantas palavras escrevo:

na tábua rasa do teu silêncio,
falhei, palavra a palavra,
onde terias dito
as sílabas certas.

Mas teriam sido tuas
as sílabas,
não este grânulo rude
a riscar o papel.

Pois onde cantam os coros dos anjos
os livros estão selados
e ninguém pode escrever.